Savais-tu?

Les Tigres

Savais-tu?

Les Tigres

Alain M. Bergeron
Michel Quintin
Sampar

Illustrations de Sampar

ÉDITIONS
MICHEL
QUINTIN

Catalogage avant publication de Bibliothèque et Archives
nationales du Québec et Bibliothèque et Archives Canada

Bergeron, Alain M.

Les tigres

(Savais-tu? ; 46)
Pour les jeunes de 7 ans et plus.

ISBN 978-2-89435-465-0

1. Tigre - Ouvrages pour la jeunesse. 2. Tigre - Ouvrages illustrés -
Ouvrages pour la jeunesse. I. Quintin, Michel. II. Sampar. III. Titre. IV.
Collection: Bergeron, Alain M. . Savais-tu? ; 46.

QL737.C23B463 2010   j599.756   C2010-940310-X

Révision linguistique : Guy Permingeat
Infographie : Marie-Ève Boisvert, Éd. Michel Quintin

Le Conseil des Arts du Canada
The Canada Council for the Arts

SODEC
Québec

Patrimoine   Canadian
canadien   Heritage

La publication de cet ouvrage a été réalisée grâce au
soutien financier du Conseil des Arts du Canada et de la
SODEC. De plus, les Éditions Michel Quintin bénéficient de
l'aide financière du gouvernement du Canada par l'entremise
du Programme d'aide au développement de l'industrie de
l'édition (PADIÉ) pour leurs activités d'édition.

Gouvernement du Québec – Programme de crédit d'impôt
pour l'édition de livres – Gestion SODEC

ISBN 978-2-89435-465-0
Dépôt légal - Bibliothèque et Archives nationales du Québec, 2010
Dépôt légal - Bibliothèque et Archives Canada, 2010

© Copyright 2010

Éditions Michel Quintin
C.P. 340, Waterloo (Québec)
Canada J0E 2N0
Tél.:   450 539-3774
Téléc.: 450 539-4905
editionsmichelquintin.ca

10 - M L - 1

Imprimé au Canada

Savais-tu que les tigres sont de la même famille que les chats domestiques? Ce sont les plus gros de tous les félidés.

Savais-tu qu'ils peuvent mesurer plus de 3 mètres, sans la queue, et peser jusqu'à 260 kilos? Le record de 384 kilos appartient à un tigre de Sibérie mâle.

Savais-tu que les rayures noires sur le pelage orangé du tigre l'aident à se fondre dans son milieu?

Savais-tu que, tout comme nos empreintes digitales, les rayures sur la tête des tigres sont toutes différentes d'un individu à l'autre?

Savais-tu que certains groupes ou sous-espèces de tigres vivent dans des régions très froides, là où la température peut atteindre - 43 °C? D'autres par contre habitent des régions extrêmement chaudes où le thermomètre frôle les + 43 °C.

Savais-tu que ce mammifère peut sauter jusqu'à 4 mètres de haut et faire des bonds en avant de 10 mètres? En comparaison, chez l'homme, les records olympiques du

saut en hauteur et du saut en longueur sont respectivement de 2,45 et de 8,95 mètres.

Savais-tu que le tigre aime l'eau et qu'il est même un excellent nageur? Le record d'endurance appartient à un tigre de Sumatra qui a nagé sur une distance de 29 kilomètres.

Savais-tu que les tigres rugissent, entre autres, pour éloigner les félins de leur territoire, effrayer et même paralyser leurs proies? On peut entendre rugir un tigre à près de 3 kilomètres.

Savais-tu que le tigre est un chasseur solitaire? À l'affût dans les hautes herbes, il s'approche de sa proie, le ventre au ras du sol. Puis, en quelques secondes, il passe à l'attaque.

Savais-tu que le tigre ne s'élance jamais d'un point surélevé, pas plus qu'il ne bondit sur une proie à partir d'un endroit éloigné?

Savais-tu que les crocs du tigre peuvent atteindre 8 centimètres? Ce qui fait de lui l'un des carnivores terrestres ayant les dents les plus longues.

Savais-tu que le tigre dévore tout ce qu'il peut attraper? Ses principales proies vont de taille moyenne à grande, comme les élans, les cerfs, les buffles, les crocodiles et les sangliers.

Il capture aussi à l'occasion de jeunes rhinocéros, des éléphanteaux et du bétail.

Savais-tu que, doté d'une force herculéenne, ce puissant carnivore peut, à lui seul, tirer une proie de 900 kilos? En comparaison, il faudrait 13 hommes pour tirer un tel poids.

Savais-tu qu'en chasse, le tigre réussit à attraper sa proie une fois sur 20 seulement?

Savais-tu qu'il n'est pas rare qu'un tigre consomme 30 à
50 kilos de viande en un repas ? Comme la plupart des

tigres ne font qu'une seule prise par semaine, ils mangent tout ce qu'ils peuvent, d'une traite.

Savais-tu que pour survivre, un tigre adulte doit ingurgiter environ 2 300 kilos de nourriture en un an? Cela représente en moyenne 45 kilos par semaine.

Savais-tu que le tigre est une espèce généralement solitaire?
Le mâle et la femelle se rencontrent très rarement. Aussi, en
période de rut, les femelles émettent un son particulier pour
attirer les mâles. Ce son porte à plus de 2 kilomètres.

Savais-tu que les ébats amoureux du couple, qui durent environ cinq jours, sont souvent précédés de violentes bagarres entre mâles?

Savais-tu que le mâle et la femelle peuvent s'accoupler jusqu'à 25 fois par jour?

Savais-tu que de 15 à 16 semaines plus tard, la tigresse donnera naissance à 2, 3 ou 4 petits?

Savais-tu que les tigreaux commencent à suivre leur mère dès leur huitième semaine? Ils seront dépendants d'elle jusqu'à l'âge de deux ans, environ.

Savais-tu que les femelles élèvent seules leur progéniture?
Aussi, se méfient-elles particulièrement des mâles qui ont
tendance à s'en prendre aux petits âgés de moins de six mois.

Savais-tu que la principale cause de mortalité chez les tigres de moins d'un an est l'infanticide?

Savais-tu que, lorsqu'un mâle tue les tigreaux, la femelle retombe en chaleur ? Ce dernier peut alors engendrer sa propre progéniture.

Savais-tu que les attaques sporadiques du tigre envers les humains lui ont valu le titre de «mangeur d'hommes»? En fait, les tigres évitent généralement le contact avec les

humains. On compte néanmoins de 50 à 100 victimes par an à travers le monde, principalement en Inde.

Savais-tu qu'en détruisant son habitat et en le tuant pour en faire, entre autres, des trophées de chasse, l'homme s'est montré bien plus dangereux pour le tigre que l'inverse?

Selon des chercheurs russes, chez le tigre de Sibérie, le taux de mortalité attribuable à l'humain est de 85 %.

Savais-tu que sur le marché chinois, un squelette de tigre peut rapporter beaucoup d'argent aux braconniers? Cela parce que la médecine traditionnelle chinoise fait encore abondamment appel aux os de tigres.

Savais-tu qu'en Inde le nombre de tigres a chuté de moitié ces cinq dernières années? Si en 1925 on en comptait plus de 40 000, il n'en reste plus aujourd'hui que 1 000, environ. Il en mourrait un par jour, en moyenne.

Savais-tu que le tigre est une espèce protégée? Il reste moins de 3 500 individus vivant à l'état sauvage dans le monde. Des huit sous-espèces de tigres, trois se sont éteintes ces 50 dernières années.